Christophe Colomb
et la Découverte de l'Amérique

Christophe Colomb

1492

Christophe Colomb était un cartographe et navigateur expert d'origine génoise.

Certains affirment également qu'il aurait pu naître au Portugal, en Catalogne, à Majorque, en Galice...

- **Cartographie :** It is the science that deals with the study and elaboration of maps.
- **Gênes :** City of Italy.

Du temps de Christophe Colomb, les gens pensaient que la Terre était plate.

Pourtant, Christophe Colomb soutenait qu'elle était ronde et il avait l'intention de le prouver.

N
W
E
S

Pour prouver son hypothèse, Christophe Colomb avait pour objectif de rejoindre les Indes en faisant le tour du monde et en traversant l'océan Atlantique.

Cela lui permettrait d'ouvrir une nouvelle voie de transport pour la soie et les épices, des produits très prisés et très chers en Europe.

N'ayant pas les moyens de mener à bien son aventure, Christophe Colomb a décidé de demander une aide financière aux Rois Catholiques, Isabelle et Ferdinand.

Ainsi, le 3 août 1492, notre intrépide navigateur part du **port de Palos**.

- **Port de Palos :** port fluvial de Palos de la Frontera (actuellement à Huelva, Espagne).

Il disposait pour cette première expédition de trois navires et d'un équipage de 120 hommes.

Les noms des trois navires que Christophe Colomb a utilisés lors de son premier voyage étaient La Pinta, La Niña et la Santa María.

La Santa Maria était une nao et les deux autres navires étaient des caravelles.

- **Nao :** Un grand bateau, muni d'un pont et de voiles, mais sans rames. Il était principalement utilisé entre le 14e et le 17e siècle.
- **Caravelles :** Un navire à voile léger, employé par l'Espagne et le Portugal pour des voyages océaniques aux 15e et 16e siècles.

Christophe Colomb a voyagé à bord du plus grand navire, la Santa Maria.

Avant de franchir l'Atlantique, les membres de l'expédition s'arrêtent aux îles Canaries pour se ravitailler et réparer la Pinta.

Après plus d'un mois en mer, l'équipage devint furieux à cause du manque de nourriture et d'eau, et de l'incertitude de trouver une terre.

Les marins organisèrent une **mutinerie**, exigeant leur retour en Espagne.

- **Mutinerie :** Groupe de personnes se rebellant (refusant d'obéir) contre l'autorité.

Christophe Colomb leur demanda de faire preuve d'un peu de patience, car il était sûr qu'ils atteindraient bientôt la terre ferme.

Peu de temps après, ils aperçurent des mouettes. C'est le signe qu'ils approchent d'une zone côtière.

Selon le journal de bord de Christophe Colomb, le 12 octobre 1492 au petit matin, **Rodrigo de Triana** aperçut la terre depuis le grand mât de la Pinta, en criant...

- **Journal :** Carnet de notes dans lequel Christophe Colomb a retranscrit les événements importants survenus au cours de la navigation.
- **Grand mât :** Le mât ou le poteau le plus haut situé au milieu du navire. C'est là qu'était installée la nacelle, d'où l'on observait l'horizon.

Terre en vue !

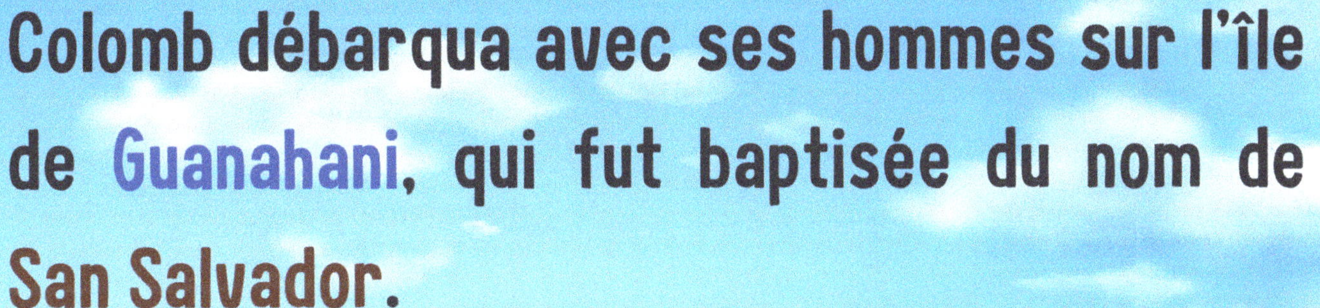

Colomb débarqua avec ses hommes sur l'île de Guanahani, qui fut baptisée du nom de San Salvador.

Suite à la découverte de nouvelles terres, un échange de produits et d'animaux débuta.

Des produits alimentaires inconnus en Europe, comme la tomate, l'ananas, le cacao, la pomme de terre, le maïs, etc. sont introduits en Espagne.

Des animaux (chevaux, vaches, moutons...) et des plantes (blé, vignes, olives...) arrivent d'Europe en Amérique.

Les Rois Catholiques financèrent 3 nouveaux voyages, intéressés par la nouvelle route commerciale et l'or que Colomb ramenait d'Amérique.

Christophe Colomb mourut le 20 mai 1506, persuadé d'avoir découvert une nouvelle route vers les Indes orientales.

Saviez-vous que la Colombie porte le nom de Christophe Colomb ?

Ce dernier n'a pourtant jamais posé le pied sur le sol colombien.

C'est **Amerigo Vespucci** qui s'est rendu compte que cette route ne menait pas aux Indes orientales, mais à un nouveau continent.

En son honneur, le nouveau continent fut appelé Amérique.

Nous voilà arrivés à la fin de l'aventure !

J'espère que cela vous a plu et que vous avez appris de nouvelles choses

Je tiens à vous demander une petite faveur pour que ce livre puisse toucher un plus grand nombre de personnes : attribuez-lui un avis sincère sur la plateforme où vous l'avez acheté.

Avec ce petit geste, vous m'aiderez à réaliser de nouveaux projets.

J'ai hâte de commencer à créer mon prochain livre pour vous !

À bientôt !

APPRENEZ AVEC NOS LIVRES ÉDUCATIFS POUR ENFANTS

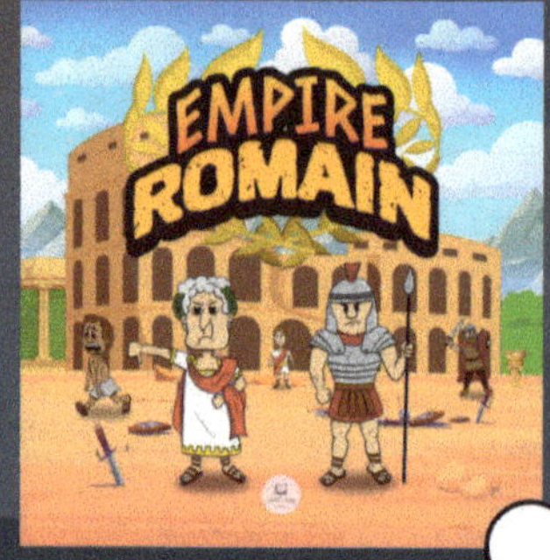

samuel john
BOOKS

www.pge.me/pourenfants
contacto@samueljohnbooks.com

LE PETIT
Soldat de Plomb
SCAN ME
www.amazon.fr/dp/8412699882
SAMMIE EXPLORE
Le SYSTÈME SOLAIRE
3-6 ans
SCAN ME
www.amazon.fr/dp/8412699890